Sandy Jud

Kleiner Make-up Ratgeber

Tipps & Tricks für jede Frau

Bibliografische Information der Deutschen Nationalbibliothek:

Die Deutsche Nationalbibliothek verzeichnet diese Publikation in der Deutschen Nationalbibliografie; detaillierte bibliografische Daten sind im Internet über http://dnb.dnb.de abrufbar.

© 2017 Sanju Star GmbH, Sandy Jud

Konzept und Realisation, Text und Abbildungen / Gesamtverantwortung: Sandy Jud

Layout Umschlag und Inhalt: Severino Negri

Herstellung und Verlag: BoD - Books on Demand, Norderstedt

ISBN: 9783743164994

Alle Rechte vorbehalten
Kein Teil des Werkes darf in irgendeiner Form (durch alle aktuellen oder zukünftigen Reproduktionsmöglichkeiten und -verfahren) ohne die schriftliche Genehmigung des Autors reproduziert und unter Verwendung elektronischer Systeme verarbeitet, vervielfältigt oder verbreitet werden.

Haftungsausschluss
Alle in diesem Ratgeber enthaltenen Angaben, Vorschläge, Tipps und Tricks wurden vom Autor nach bestem Wissen und Gewissen erstellt und mit Sorgfalt geprüft. Gleichwohl sind inhaltliche oder grammatikalische Fehler nicht vollständig auszuschliessen. Daher erfolgen die Angaben etc. ohne jegliche Verpflichtung oder Garantie des Autoren oder der Sanju Star GmbH. Eine Haftung des Autors oder der Sanju Star GmbH für Personen-, Sach- und Vermögensschäden ist ausgeschlossen.

Vorwort

Liebe Leserin

Mit meinem kleinen Ratgeber möchte ich Sie, liebe Leserin, in die wunderbare Welt des Make-ups entführen. Sie werden zu Beginn ein paar allgemeine Informationen zu Pflege, Gesichts- und Augenformen erhalten und anschliessend widmen wir uns den verschiedenen Techniken. Worauf ist zu achten? Was ist ein Muss, was ein absolutes No-Go?

Lassen Sie sich verzaubern und entdecken Sie die kleinen Tipps und Tricks der Profis. Einfach und schnell erklärt - einfach und schnell umgesetzt. Sie werden begeistert sein!

Mein Name ist Sandy Jud. Ich bin diplomierte Make-up Artistin und diplomierte Hairstylistin. Ich arbeite am Theater, für Fotografen, an Film- und Fernsehsets. Auch private Kunden sind bei mir an der richtigen Adresse. Mit viel Feingefühl und Geschick setze ich die Wünsche meiner Kundinnen gekonnt um. Bei meinen Schmink-Events ist es mir ein grosses Anliegen, meinen Kundinnen zur Hand zu gehen, ihnen Tipps mit auf den Weg zu geben und gemeinsam mit ihnen in einem tollen Ambiente einen spannenden und lehrreichen Abend zu geniessen.

Alles Weitere zu meiner Person erfahren Sie auf meiner Homepage: www.sanjustar.com. Herzlich willkommen!

Inhaltsverzeichnis

Die Hautvorbereitung 6

Die Gesichtsformen 7

Die Augenbrauen 18

Der Augenabstand 20

Die Augenformen 23

Das Augen-Make-up 26

Highlighter setzen 37

Der perfekte Lidstrich 40

Kajalstrich richtig ziehen 43

Mascara - Wimpern richtig tuschen 48

Die Wahl der richtigen Foundation 50

Concealer - das kleine Wunder 52

Abpudern / Rouge setzen 53

Contouring - Akzente setzen leicht gemacht 56

Rote Lippen soll man... 58

Tipps für ein typgerechtes Make-up 61

Zwölf Schritte zum perfekten Make-up 62

Mein perfekter Look 64

Die Hautvorbereitung

Das beste Make-up sieht schlecht aus, wenn die Haut darunter nicht gepflegt ist. Es gibt heutzutage Unmengen von Kosmetik für jeden Hauttyp und für jedes Alter.

Achten Sie vor allem auf gute Qualität. Diese muss nicht immer teuer sein. Es gibt viele kleinere Kosmetikmarken die weniger Geld in Werbung investieren, dafür aber preiswerte Kosmetik mit guter Qualität anbieten. Lassen Sie sich in Fachgeschäften (Drogerien / Apotheken) beraten. Auch die Reinigung darf nicht unterschätzt werden. Schweiss, Talg und Schmutz des täglichen Lebens setzen sich auf unserer Haut nieder und verstopfen die Poren. Dies kann zu Entzündungen und Mitessern führen. Es ist deshalb wichtig, das Gesicht morgens (nach dem sich die Haut über Nacht gereinigt hat) von Talg und Schweiss zu befreien und abends vom Schmutz des Tages. Ob man zu Reinigungsmilch greift oder lieber mit Wasser und Gesichtsseife arbeitet oder gar Reinigungstücher einsetzt, das sei jedem selber überlassen. Ein Tonic ist sicher empfehlenswert, nimmt es die letzten Schmutzreste auf und bereitet die Haut optimal auf die Pflege vor. Abschliessend eine gute Tages- resp. Nachtpflege verwenden. Sie sehen, alles keine Hexerei.

Nebst einer optimalen Reinigung und Pflege komme ich nicht darum herum, die Lebensweise anzusprechen. Viel Schlaf und gesunde Ernährung, wenig Koffein und (wenn möglich) kein Nikotin. Diese Stoffe schädigen die Haut auf lange Frist und lässt sie alt und fahl aussehen. Auch das übermässige Sonnenbaden ist zu vermeiden. Gebräunte Haut ist immer auch „verbrannte", resp. geschädigte Haut und kann Folgeschäden nach sich ziehen. Also immer einen qualitativ guten Sonnenschutz mit hohem Schutzfaktor verwenden.

Beachtet man die soeben genannten Tipps, so wirkt die Haut gesund und gepflegt und das Make-up kann sich wie eine unsichtbare, zweite Haut anpassen und lässt das Gesicht erstrahlen.

Die Gesichtsformen

Auf den nachfolgenden Seiten widmen wir uns den verschiedenen Gesichtsformen. Welche Stellen lassen sich wie kaschieren, welche besonders schön zur Geltung bringen? Welche Frisur ist bei welcher Gesichtsform optimal?

Prinzipiell unterscheiden wir fünf verschiedene Gesichtsformen:

- **Oval**
- **Rund**
- **Eckig**
- **Quadratisch**
- **Herzförmig**

Das ovale Gesicht

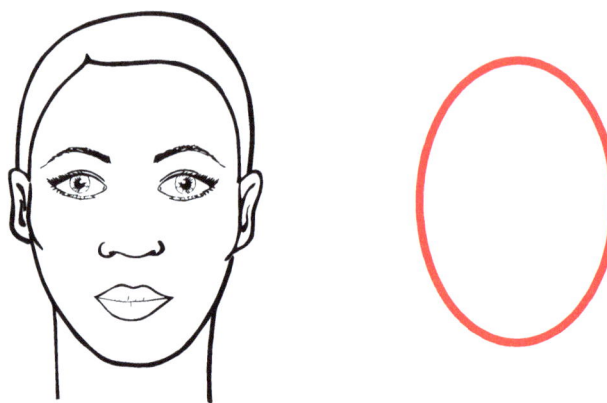

Das ovale Gesicht gilt im europäischen Bereich als die „optimale Gesichtsform". Dies aus dem Grund, weil die Proportionen sehr harmonisch zueinander wirken.

Das Gesichtsfeld ist etwa eineinhalb Mal so lang wie breit, die Wangenknochen sind etwas breiter als die Kinnpartie und die Stirn. Die breiteste Stelle ist auf der Höhe der Wangenknochen und verjüngt sich nach oben und unten hin gleichmässig.

Frisur

Frisurentechnisch gilt es die persönlichen Merkmale zu unterstreichen. Man kann nahezu alles tragen, von kurz bis lang, klassisch, mit Mittelscheitel, feinen Locken oder gewagten futuristischen Haarschnitten. Erlaubt ist was gefällt.

Make-up

Es gibt keine Einschränkungen die das Gesicht unproportioniert wirken lassen könnten, deshalb am besten die persönlichen Merkmale hervorheben und unterstützen.

Persönliche Notizen

_____
_____
_____
_____
_____
_____
_____
_____
_____
_____
_____
_____
_____
_____
_____
_____
_____

Das runde Gesicht

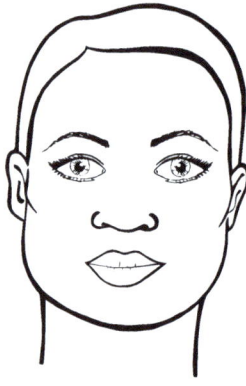 

Bei Frauen mit einem runden Gesicht bilden Stirn, Wangen und Kinn einen Kreis. Die Wangen sind meist grossflächig und die Stirn ist relativ kurz und verjüngt sich in Richtung Haaransatz. Eine Frau mit rundem Gesicht muss nicht gleichzeitig auch korpulent gebaut sein!

Frisur

Für Frauen mit einem runden Gesicht gibt es unzählige Schnitte, die passen. Optimal sind Frisuren, die den Kopf etwas verschmälern. Man kann die Stirn ruhig frei lassen, das streckt das Gesicht ein wenig. Einen Pony kann man etwas zur Seite gekämmt tragen. Oder man setzt auf Volumen im Deckhaar und kein Volumen an den Seiten. Ganz kurz geschnittene Haare sind nicht unbedingt zu empfehlen, da sie das runde Gesicht sehr betonen. Am besten passen zu runden Gesichtern lange Haare, die mit schönen Stufen das Gesicht umspielen.

Make-up

Mit dem richtigen Make-up kann das Gesicht optisch verschmälert werden. Dazu braucht man lediglich zwei unterschiedliche Make-up Töne. Der Bereich unterhalb des Wangenknochens kann etwas dunkler abschattiert werden, wobei die Wangenknochen und die Kinnspitze mit dem hellen Ton hervorgehoben werden (Contouring). Es ist darauf zu achten, dass man die Übergänge nicht sieht, diese also gut verblendet werden. Das Rouge trägt man am besten steil entlang der Wangenknochen auf. Das streckt das Gesicht zusätzlich.

Persönliche Notizen

_____
_____
_____
_____
_____
_____
_____
_____
_____
_____
_____
_____
_____

Das eckige Gesicht

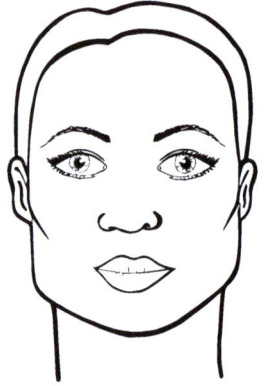 

Kennzeichnend dafür ist eine eher hohe Stirn mit relativ geradem Haaransatz und einem markant ausgeprägten Kieferbereich.

Frisur
Man versucht einen soften Schnitt zu finden der das Gesicht weicher wirken lässt. Mit weichen Stufen auf Wangenhöhe kann man das Gesicht sanft umspielen und auch mit einem Langhaar-Look kann man die Ecken kaschieren. Auch ein lockerer Pony macht die Gesichtszüge weicher. Die Haarlänge sollte mindestens bis knapp unterhalb des Kinns gehen.

Make-up

Man kann eckige Gesichter im Bereich des Kiefers dunkler abschattieren, dazu wählt man einfach eine Nuance dunkler als den Basiston. Um einen fliessenden Übergang zu schaffen, verwendet man am besten einen breiten Pinsel oder ein Schwämmchen zum Auftragen des Make-ups. Somit wirkt der Bereich des Unterkiefers weicher. Das Rouge kann sehr tief angesetzt werden.

Persönliche Notizen

Das quadratische Gesicht

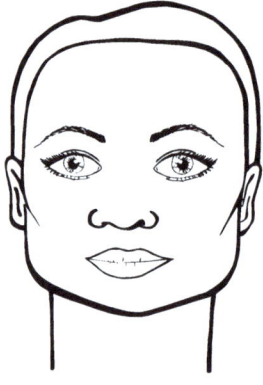 

Das quadratische Gesicht verfügt über ausgeprägte Stirnecken, sowie über einen ausgeprägten Kiefer. Im Vergleich zum eckigen Gesicht hat das quadratische Gesicht eine kürzere Stirn.

Frisur
Hier passt der schulterlange Look perfekt. Ein Seitenscheitel oder ein Pony lässt das Gesicht runder erscheinen, die ausgeprägten Ecken werden somit kaschiert. Auch Stufen machen den Look weicher und lassen das Gesicht runder wirken. Wenn man das glatte Haar lang trägt, verlängert das optisch die Gesichtskonturen.

Make-up

Eine dunklere Grundierung an den Stirnecken verschmälert optisch die Breite. Ebenso kann das Kinn verschmälert werden. Die Region oberhalb der Wangenknochen sollte heller und die Partie unterhalb der Wangenknochen dunkler abschattiert werden. Dies sollte in einem steilen Winkel erfolgen, damit verleiht man dem Gesicht optische Länge.

Persönliche Notizen

Das herzförmige Gesicht

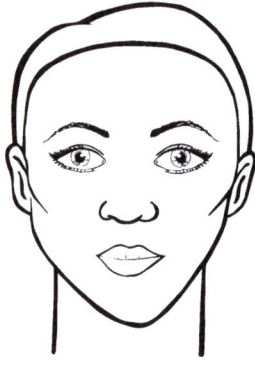 

Das herzförmige Gesicht ist oben etwas breiter mit einer flachen Stirn und verjüngt sich nach unten hin zu einem schmalen Kinn. Durch das spitz wirkende Kinn entsteht optisch ein Ungleichgewicht, welches aber mit ein paar kleinen Akzenten einfach korrigiert werden kann.

Frisur

Für diese Gesichtsform sind alle Schnitte zu empfehlen, die die Stirnpartie etwas schmaler und die Kinnpartie etwas breiter erscheinen lassen. Ein Bopp, der kurz unterhalb des Kinns endet, ist hier optimal. Ebenso passen hier auch Kurzhaarschnitte perfekt zum Gesamtlook. Generell gilt: Volumen und halblanges Haar, gerne auch mit vollem Pony, sind hier super angebracht. Locken können das Gesicht zudem an den schmalen Stellen üppiger wirken lassen.

Make-up

Beide Seiten der Stirne sowie das Kinn werden dunkler abschattiert um das Gesicht weicher und runder wirken zu lassen. Die Region der Wangenknochen kann optisch aufgehellt werden. Das Rouge kann man direkt auf die Wangenknochen auftragen und bis zur Schläfe verlängern.

Persönliche Notizen

_____
_____
_____
_____
_____
_____
_____
_____
_____
_____
_____
_____
_____
_____
_____
_____
_____
_____
_____
_____

Die Augenbrauen

Augenbrauen geben dem Gesicht Struktur. Je nach Schwung sprechen sie eine ganz eigene Sprache. Ob rund gezeichnet wie in den 20er Jahren, dünn in Form gezupft wie in den 70er Jahren oder natürlich buschig wie es in den 90er und auch danach angesagt war. Hauptsache es passt zum Gesicht und sieht gepflegt aus.

Den optimalen Augenbrauenschwung erzielt man, indem man den vordersten Punkt über dem Nasenflügel ansetzt (1). Der höchste Punkt sollte ab dem Nasenflügel quer durch die Pupille (2) und das Ende ab dem Nasenflügel durch den äusseren Augenwinkel verlaufen (3). Die wenigsten unter uns haben von Natur aus wohl geformte Augenbrauen. Oftmals weisen sie kleine Löcher auf. Diese lassen sich gut mit einem Augenbrauenstift oder auch Brauenpuder auffüllen.

Augenbrauen perfekt formen, der optimale Schwung

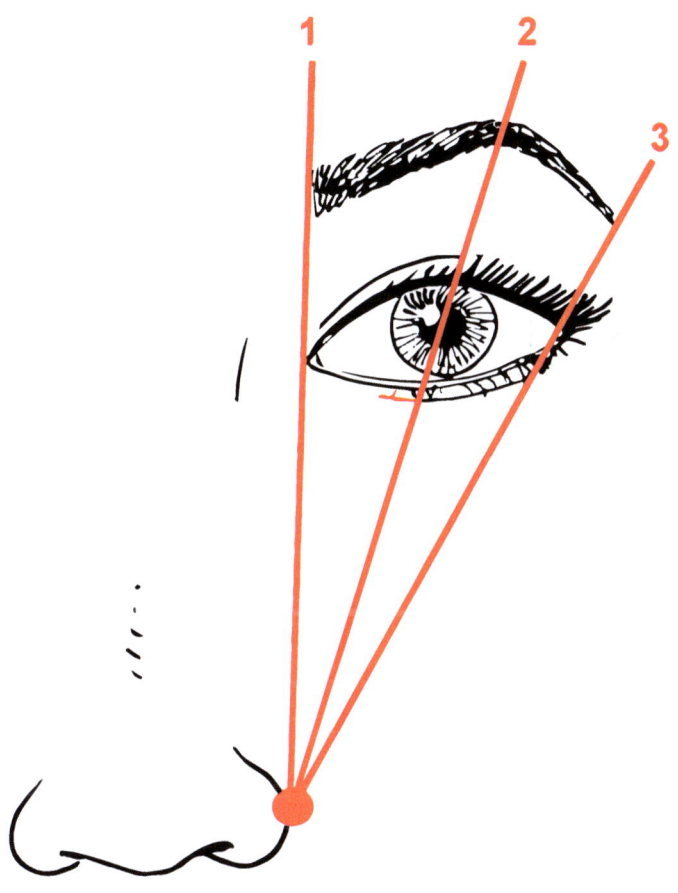

Der Augenabstand

Als Augenabstand wird der Platz zwischen den inneren Augenwinkeln bezeichnet. Wir unterscheiden zwischen normalem Augenabstand, eng stehenden und weit stehenden Augen.

Normaler Augenabstand
Von einem normalen Augenabstand gehen wir aus, wenn zwischen den Augen ein „drittes Auge" Platz findet.

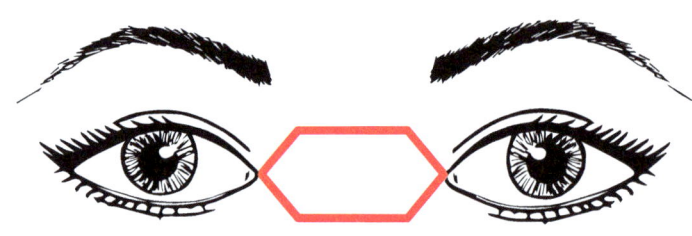

Persönliche Notizen
_____
_____
_____
_____
_____
_____

Eng stehende Augen

Bei eng stehenden Augen kann der optische Eindruck sehr gut mit den Augenbrauen korrigiert werden! Auf keinen Fall sollten die Augenbrauen zu eng zueinander stehen. Sie sollten möglichst erst auf der Höhe der inneren Augenwinkel beginnen.

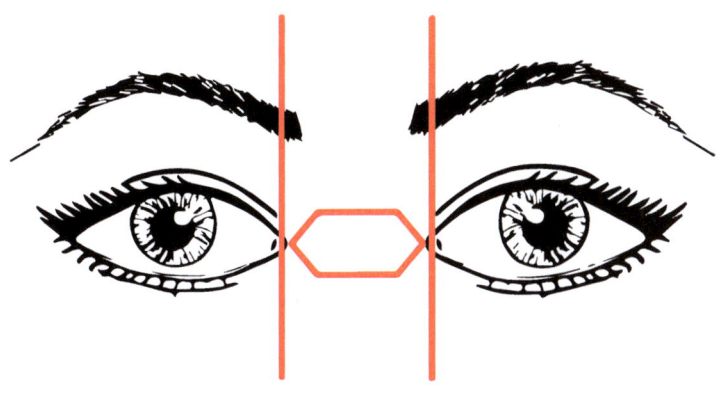

Persönliche Notizen

_____
_____
_____
_____
_____
_____
_____
_____
_____
_____
_____
_____

Weit stehende Augen

Auch bei weit auseinander stehenden Augen kann mit Hilfe der Augenbrauen sehr gut der optische Eindruck beeinflusst werden. Hier geht es gerade umgekehrt. Die Augenbrauen können an der Nasenwurzel enger zueinander stehen und sollten eher weniger bzw. gar nicht über den äusseren Augenwinkel hinausragen.

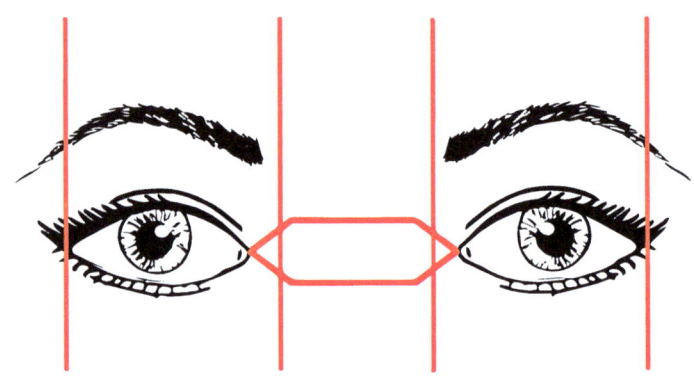

Persönliche Notizen

_____
_____
_____
_____
_____
_____
_____
_____
_____
_____

Die Augenformen

Unabhängig ob die Augen eng oder weit zueinander stehen unterscheiden wir zwischen sechs verschiedenen Augenformen.

Mandelförmig
Hier sieht die Augenform wie eine Mandel aus und liegt mit ihren Augenwinkeln auf einer horizontalen Linie oder mit dem äusseren Augenwinkel leicht darüber. Diese Form gilt als die Idealform und kann am vielfältigsten geschminkt werden.

Aufsteigende Form
Bei der aufsteigenden Augenform liegen die äusseren Augenwinkel klar über der horizontalen Linie.

Abfallende Form

Bei der abfallenden Augenform ist es genau umgekehrt. Die äusseren Augenwinkel liegen unterhalb der horizontalen Linie. Um den leicht „traurigen" Eindruck zu korrigieren, werden die äusseren Augenwinkel „nach oben" geschminkt.

Runde Form

Bei der runden Form ist die Pupille komplett sichtbar und die Augen wirken sehr gross. Bei runden Augen sollten die Augenbrauen keinen runden Bogen beschreiben. Eine gerade oder zunächst an der Nasenwurzel aufsteigende Form ist zu bevorzugen.

Schlupflid

Beim Schlupflid ist das bewegliche Augenlid durch das unbewegliche Lid teilweise oder komplett bedeckt. Beim Schlupflid sollten die Augenbrauen nicht zu buschig sein. Dies drückt optisch das Auge noch mehr.

Tiefliegend

Hält man einen Finger senkrecht an Wangenknochen und Augenbrauen und kann dabei die Augen offen halten, spricht man von tiefliegenden Augen. Die Augenbrauen stehen optisch stark hervor und sollten daher dezent und nicht zu dunkel geschminkt werden.

Persönliche Notizen

_____
_____
_____
_____
_____
_____
_____
_____
_____
_____
_____
_____
_____
_____
_____
_____
_____
_____

Das Augen-Make-up

Eyeshadow Base - Augen grundieren

Damit der Lidschatten im Laufe des Tages nicht in die Lidfalte verläuft und unschöne Rillen entstehen, empfiehlt es sich, einen sogenannten Eyeshadow Base zu verwenden. Diese cremeartige Basis gleicht einerseits Unebenheiten und Rötungen aus und ist andererseits ein gut haftender Untergrund für den Lidschatten. Alternativ kann man auch einen Tropfen Make-up auf das bewegliche Lid geben. Dieses ist ebenfalls cremeartig und bildet eine gute Haftbasis für den pudrigen Lidschatten. Es empfiehlt sich auf jeden Fall anschliessend einen cremefarbenen Lidschatten als Grundierung zu verwenden.

Jüngere Frauen können bei den Lidschattenfarben ruhig experimentieren. Egal ob dunkle, helle, glänzende, schimmernde oder matte Töne gewählt werden. Hier gilt: Erlaubt ist, was gefällt. Je nach Anlass und persönlicher Stimmung.

Je reifer aber eine Frau ist, desto mehr sollte sie auf die Wahl der Produkte achten. Zu viele Glanzpartikel verstärken kleine Fältchen. Zu dunkle Lidschattenfarben sowie dunkle harte Striche und Linien sind ungeeignet und lassen das Gesicht härter und älter erscheinen. Hier empfiehlt es sich, sanfte Creme- oder Brauntöne zu verwenden.

Lidschatten einsetzen - Das natürliche Augen-Make-up

Die Basis ist also gemacht. Ebenfalls der cremefarbige Lidschatten aufgetragen. Mit farbigen Lidschatten können nun Akzente gesetzt werden. Es gilt die Faustregel:

Alles was hell ist tritt hervor und alles was dunkel ist tritt zurück.

Es gibt unzählige Varianten, Lidschatten aufzutragen. Nachfolgend sehen wir uns drei verschiedene Varianten ein wenig genauer an.

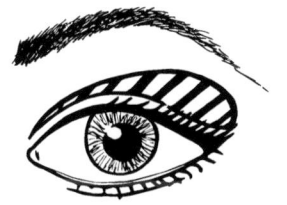

Offene Banane

Der Begriff „Banane" kommt von ihrer halbrunden Form. Bei der offenen Banane wird entlang der Lidfalte ein dunklerer Lidschatten gesetzt. Dieser wird nach aussen hin verblendet. Das bewegliche Lid bleibt dabei hell. Das Auge wirkt offen und der Look ist sehr natürlich und schnell geschminkt.

Geschlossene Banane

Man kann die Banane am äusseren Lidrand auch schliessen. Die Verbindung kann sowohl über einen flächig aufgetragenen Lidschatten oder mit einem Lidstrich erfolgen.

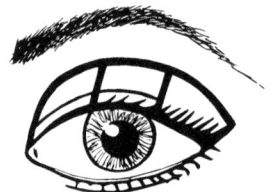

Fächertechnik

Bei der Fächertechnik wird am inneren Augenwinkel mit einem hellen Lidschatten begonnen (ganzes Lid) und gegen aussen hin in dunklere Lidschatten verblendet. Es entsteht ein sogenannter Fächer. Da der äussere Augenwinkel am dunkelsten ist, spricht man hier auch von einer Eckbetonung.

Wichtig: Bei den verschiedenen Techniken sollte man immer die jeweilige Augenform beachten.

Persönliche Notizen

Tipps für die jeweiligen Augenformen

Eng stehende Augen
Eng stehende Augen werden mit dunklem Lidschatten nach aussen hin betont, um die Augen optisch nach aussen zu versetzen.

Weit stehende Augen
Bei weit auseinander stehenden Augen wird dagegen die innere Partie des Auges betont, um die Augen optisch nach innen zu versetzen.

Mandelförmig
Bei mandelförmigen Augen hat man freie Hand. Da es sich hier um die „Idealform" handelt, gibt es nichts zu korrigieren.

Aufsteigende Form
Aufsteigende Augenformen kann man schön korrigieren, indem man den äusseren Augenwinkel nach unten schminkt oder eine offene Banane verwendet.

Abfallende Form
Bei der abfallenden Augenform ist speziell zu beachten, dass die Ecken nicht zu sehr nach aussen hin betont werden (nicht über den äusseren Augenwinkel schminken) da dies einen traurigen Eindruck macht. Auch hier eignet sich, wie schon bei der aufsteigenden Augenform, die Technik der offenen Banane hervorragend.

Runde Form

Die runde Augenform kann sehr schön mit einer geschlossenen Banane optisch gestreckt werden.

Schlupflid

Schlupflider erfordern eine spezielle Technik um das, durch das überlappende Augenlid, kleiner wirkende Auge zu vergrössern. Im Prinzip wird hier die Banane auf dem überlappenden Augenlid geschminkt. Das darunterliegende, bewegliche Lid bleibt hell. Faustregel: Alles was hell ist tritt hervor.

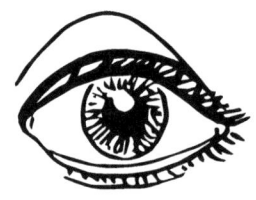

Tiefliegend

Bei tiefliegenden Augen sollte auf keinen Fall die Lidfalte betont werden (Banane), da die Augen sonst optisch noch „tiefer" liegen. Vorteilhafter ist an dieser Stelle das bewegliche Lid mit einem warmen Ton zu akzentuieren, um es hervor zu heben.

Persönliche Notizen

Augen-Make-up und Farben

Lidschatten gibt es in allen möglichen Farben. Aber für welche soll man sich entscheiden? Woran kann man sich orientieren? Naheliegend ist die Orientierung an der eigenen Augenfarbe. Man kann entweder in der „eigenen Farbe", also Ton in Ton schminken (Bsp. braune Augen, brauner Lidschatten), oder aber mit Komplementärfarben arbeiten. Man spricht von komplementär bei Farben, wenn diese beim Mischen einen neutralen Beigeton ergeben. Setzt man diese Farben hingegen nebeneinander wie bei einem Augen-Make-up, so verstärken sie ihre Leuchtkraft (Bsp. grün und rot).

Um zu wissen welche Farben komplementär zueinander stehen, kann man den sogenannten Farbkreis zu Hilfe nehmen.

Braune Augen

Am einfachsten haben es Frauen mit brauner Augenfarbe, ihnen stehen die meisten Farbtöne. Auch farbige und grelle Töne sind gut möglich. Frauen mit braunen Augenfarben können viel experimentieren und ausprobieren.

Blaue Augen

Da blaue Augen häufig schon strahlen, sind blaue Töne eher ungeeignet, weil mit ihnen der Kontrast fehlt und das Leuchten abgeschwächt wird. Daher sollten hier eher Komplementärfarben verwendet werden wie zum Beispiel Braun- oder Kupfertöne.

Grüne Augen

Grüne Augenfarben kommen sehr gut zur Geltung, wenn man mit rotstichigen Lidschatten (Bsp. Purpur / Kupfer) als Komplementärfarbe arbeitet.

Persönliche Notizen

Highlighter setzen

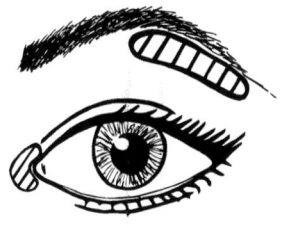

Der Einsatz eines Highlighter ist ein weiteres gutes Mittel um die Augen effektvoll zu schminken und zu öffnen. Highlighter ist ein Produkt, das es in Puder- oder Cremeform zu kaufen gibt. Hierbei gibt es kein besser oder schlechter. Allein unsere Vorliebe bestimmt das Produkt. Highlighter dient dazu, gewisse Gesichtspartien aufzuhellen und dadurch hervorzuheben. Man beachte wieder unsere Faustregel: Alles was hell ist tritt hervor.

Setzt man Highlighter unter den Brauenbogen und in den inneren Augenwinkel wird dadurch das Auge optisch geöffnet.

Neben dem Einsatz für die Augen kann Highlighter auch zum Betonen von gewissen Gesichtspartien wie Lippenkonturen, Wangenknochen oder Stirne eingesetzt werden.

Beispiel Highlights im Gesicht

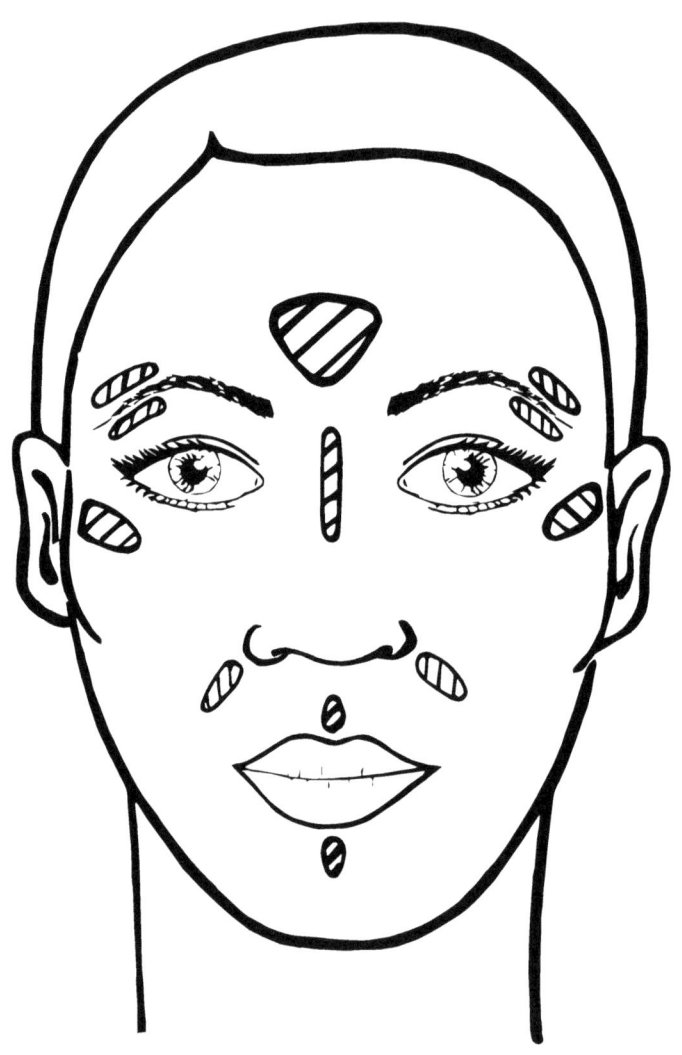

Persönliche Notizen

Der perfekte Lidstrich

Der Lidstrich ist ein ganz wesentliches Element eines Augen-Make-ups. Üblicherweise bezeichnet man mit „Lidstrich" primär die Linie auf dem oberen Augenlid. Er ist kein Muss und kann durchaus auch bewusst weggelassen werden.

Tipps für die jeweiligen Augenformen

Eng stehende Augen
Der Lidstrich sollte erst im zweiten Drittel des Augenlids beginnen und kann gerne über den äusseren Augenwinkel hinaus gezogen werden. So werden die Augen optisch nach aussen versetzt.

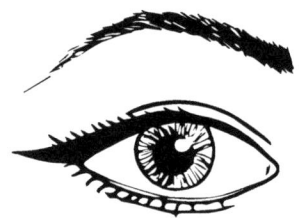 

Weit stehende Augen
Hier kann der Lidstrich am inneren Augenwinkel beginnen und sollte nicht über den äusseren Augenwinkel hinausragen.

Mandelförmig
Bei mandelförmigen Augen hat man wieder freie Hand. Ob natürlich oder gewagt. Erlaubt ist, was gefällt.

Aufsteigende Form
Die aufsteigende Augenform kann man einfach korrigieren, indem man den Lidstrich über den äusseren Augenwinkel nach unten zieht.

Abfallende Form
Diese Form kann man einfach mit einem aufsteigenden Lidstrich am äusseren Augenwinkel nach oben hin korrigieren.

Runde Form
Im äusseren Drittel sollte der Lidstrich breiter werden. Auf diese Weise wird das Auge optisch einer Mandelform nachempfinden.

Schlupflid

Beim Schlupflid sollte man ganz auf einen Lidstrich verzichten, da dieser das Auge zusätzlich verkleinert. Falls doch gewünscht, nur am Wimpernkranz einen dezenten, Wimpern verdichtenden Lidstrich setzen.

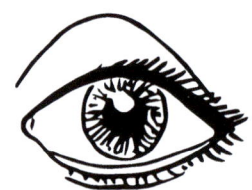

Tiefliegend

Bei tiefliegenden Augen sollte man möglichst keine breiten oder dicken Lidstriche tragen. Die Augen werden sonst optisch noch zusätzlich nach innen versetzt.

Persönliche Notizen

_____
_____
_____
_____
_____
_____
_____
_____
_____

Kajalstrich richtig ziehen

Der Kajalstrich am unteren Lidrand ist sozusagen das Gegenstück zum Lidstrich am oberen Lidrand. Er wird vor allem auf der sogenannten Wasserlinie, also auf dem inneren „feuchten" Lidrand, aufgetragen. Er ist mit Vorsicht zu geniessen, weil ein zu starker Kajalstrich sehr schnell zu einem überschminkten Eindruck beitragen kann. Ebenfalls lässt er kleine Augen optisch noch kleiner wirken.

Bei speziellen Make-ups wie z.B. einem Smokey Eyes-Make-up, kann ein Kajalstrich wiederum den Look verstärken. Der Kajalstrich kann auch mit verschiedenen Farben gesetzt werden.

Im Zweifelsfall kann man den Kajalstrich am besten einfach durch eine Wimpernkranzbetonung (mit dunklem Lidschatten) ersetzen oder ganz weglassen.

Tipps für die jeweiligen Augenformen

Eng stehende Augen

Der Kajalstrich sollte erst im zweiten Drittel auf der Wasserlinie beginnen, damit die Augen optisch nach aussen rücken.

Weit stehende Augen

Hier kann der Kajalstrich am inneren Augenwinkel auf der Wasserlinie beginnen, um die Augen optisch nach innen zu rücken.

Mandelförmig
Hier gilt wieder: Erlaubt ist, was gefällt und zum jeweiligen Anlass passt. Von einem Kajalstrich auf der Wasserlinie ist jedoch zum Beispiel im Büroalltag abzuraten, da das Auge schnell zu stark geschminkt wirkt.

Aufsteigende Form
Bei aufsteigender Augenform sollte man den Kajal im vorderen Drittel der Wasserlinie platzieren, da er sonst die aufsteigende Form verstärkt.

Abfallende Form
Mit Hilfe eines Kajal kann man einfach den äusseren Augenwinkel nach oben hin korrigieren.

Runde Form

Bei runden Augen kann man gut einen dunklen oder schwarzen Kajalstrich ab dem zweiten Drittel auf der Wasserlinie platzieren. Dies streckt das Auge.

Schlupflid

Mit einem beigefarbenen oder weissen Kajalstrich wird das Auge optisch geöffnet. Keinen schwarzen Kajal verwenden.

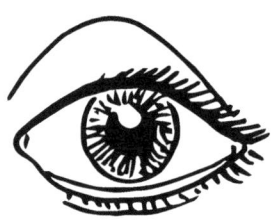

Tiefliegend

Möglichst keinen schwarzen Kajalstrich auftragen. Mit hellen Farben (weiss, beige) kann das Auge hervorgehoben werden.

Persönliche Notizen

Mascara - Wimpern richtig tuschen

Wenn es darum geht die Augen richtig zum Strahlen zu bringen, ist der Einsatz von Wimperntusche unverzichtbar. Nichts ist beim Schminken der Augen wichtiger als schön getuschte Wimpern. Mittlerweile gibt es unzählige verschiedene Mascara-Formen. Jede verspricht in kürzester Zeit volle und voluminöse Wimpern. Dabei kommt es nicht so sehr auf die Form des Bürstchens an, sondern vielmehr auf die Technik. Nur kurz mit der Wimperntusche über die Wimpern zu fahren bringt sicher nicht den gewünschten Erfolg von langen und dichten Wimpern. Es gilt: Wimpern tuschen, kurz antrocknen lassen, das Ganze mehrmals wiederholen bis die gewünschte Fülle erreicht ist. Überschüssige Farbe am besten mit einem trockenen Bürstchen ausbürsten. So gibt es keine „Spinnenbeine".

Akzente setzen

Braune Augen
Wimpern mit marineblauer Mascara tuschen

Blaue Augen
Wimpern mit braunem oder purpurnem Mascara tuschen

Grüne Augen
Wimpern mit violettem oder braunem Mascara tuschen

Persönliche Notizen

Die Wahl der richtigen Foundation

Um die perfekte Foundation zu finden, muss zuerst der Hautunterton bestimmt werden. Man unterscheidet zwischen gelblichen (warmen) und rötlichen (kühlen) Untertönen. Oftmals ist es schwierig den Ton genau zu bestimmen, da es verschiedene Mischformen gibt. Hierbei gibt es einige Tricks, die man zur Bestimmung anwenden kann:

- **Weisser Kleider-Test**
  Kühles Weiss steht warmen Hauttertönen gut, kühle Hauttertöne lässt sie hingegen fahl und krank aussehen
- **Sonnenempfindsamkeit**
  Kühle Hauttertöne sind sehr sonnenempfindlich
- **Handgelenke, Farbe der Adern**
  Kühle Hauttertöne haben meist blaustichige Adern, bei warmen Hauttertönen sind sie meist grünstichig

Gelber Hautton

Hat die Haut einen gelblichen, warmen Unterton, so spricht man von gelber Hautfarbe. Diese kann verschiedene Stärken haben. Ist sie sehr hell, wirkt sie wie Elfenbein, ist die Haut sehr dunkel, hat sie oftmals einen olivfarbenen Stich.

Rötlicher Hautton

Der rötliche, kühle Hautton ist weniger oft verbreitet als der gelbliche. Diese Haut ist oftmals sehr sensibel und für Sonnenbrand sehr anfällig. Ist die Haut sehr hell wirkt sie wie Porzellan, ja fast durchscheinend. Ist die Haut sehr dunkel, geht der Ton ins Kupferfarbene.

Bei der Foundation gilt: Mehr ist nicht mehr. Die Zeiten der maskenhaften Gesichter sind gottlob vorbei. Ein Gesicht darf wieder strahlen, Sommersprossen kann und soll man wieder sehen. Der Trend geht zurück zum natürlichen Look. Es gibt mittlerweile unzählige Produkte im Angebot. Oftmals sind diese mit speziell pflegenden Inhaltsstoffen versehen, für sensible, schnell fettende oder reife Haut. Generell gilt: Je reifer eine Haut, desto weniger Deckkraft sollte das Make-up haben, da sich die Textur in den Fältchen ablagert und diese dann unschön hervorhebt. Ein leichtes aber gut mattierendes Fluid oder gar eine getönte Tagescreme reichen oftmals schon aus, um ein ebenmässiges Hautbild zu erzielen. Die Foundation kann man mit Pinsel, Schwämmchen oder auch mit den Fingern auftragen. Bei der Farbwahl sollte man auf der unteren Wangenpartie einen kleinen Klecks ausprobieren. Viele Frauen testen das Make-up im Geschäft auf dem Handgelenk. Die Haut da unterscheidet sich aber sehr von jener im Gesicht (Dichte, Bräunungsgrad), so dass viele zu einem zu dunklen Ton greifen, was zu unschönen Rändern führt.

Persönliche Notizen

_____
_____
_____
_____
_____
_____
_____

Concealer - das kleine Wunder

Wer kennt das nicht? Eine schlaflose Nacht und das Gesicht spricht Bände. Um ungeliebte Augenschatten zu verstecken kann man zu sogenannten Concealern greifen. Concealer sind stark pigmentierte Gesichtsabdeckcremes. Diese gibt es in handlicher Stiftform, in Paletten oder in flüssiger Form zu kaufen. Concealer sind wahre Wunder, welche auch kleine Rötungen, Pickel, Unebenheiten oder Äderchen im Gesicht gut und punktuell abdecken.

Persönliche Notizen

Abpudern / Rouge setzen

Nachdem man die Foundation aufgetragen und eingearbeitet hat (Schwämmchen, Pinsel oder Finger), muss man diese gut fixieren. Dazu nimmt man losen oder gepressten Puder. Der gepresste Puder ist handlich und für unterwegs in der Handtasche sehr beliebt, da weniger Partikel durch die Luft fliegen. Der lose Puder ist hingegen meist feiner und lässt sich dadurch besser verteilen. Das Ergebnis ist also natürlicher. Puder wird immer mit einem Puderpinsel in kreisenden Bewegungen auf das gesamte Gesicht aufgetragen. Möchte man mehr Deckkraft erzielen kann alternativ eine Puderquaste verwendet werden.

Wangenrouge

Damit das Gesicht nun nicht allzu platt und fahl wirkt, kommt Wangenrouge zum Einsatz. Dieses verleiht die nötige Frische. Dabei gilt es neben dem Farbton vor allem die Gesichtsform zu beachten.

Damit Sie den richtigen Rougeton erwischen gibt es einen simplen Trick. Kneifen Sie sich ganz leicht in die Wange und sehen Sie, wie sich die Haut verfärbt. Bei einem typgerechten Tages Make-up sind sanfte Töne wie Rosé, Abricot oder auch Rostrot zu empfehlen.

Verschiedene Rouge-Techniken

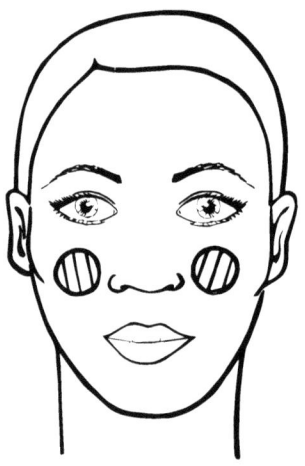

Runde Backen

Wirken frisch, jugendlich, gar kindlich. Auf die höchste Stelle der Wangenwölbung ansetzen und nach aussen hin gleichmässig verblenden.

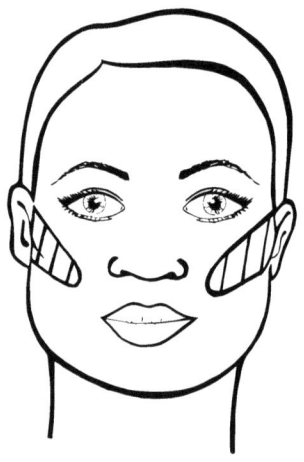

Länglich

Länglich aufgetragenes Rouge wirkt dramatisch. Es eignet sich hervorragend für runde Gesichter, da es diese optisch in die Länge zieht.

Waagrecht

Hier wird das Rouge flacher aufgetragen. Eignet sich gut für längliche Gesichtsformen, da es die Länge „bricht"

Generell gilt auch hier: Weniger ist mehr!

Persönliche Notizen

_____
_____
_____
_____
_____
_____
_____
_____
_____
_____
_____
_____
_____

Contouring - Akzente setzen leicht gemacht

Ein Trend der aus Amerika zu uns kam ist das Konturieren des Gesichtes, also das Contouring. Dabei werden mit einem dunklem Puder (alternativ eine dunklere Foundation) Akzente gesetzt und so dem Gesicht zusätzlich Kontur gegeben. Rufen wir uns die anfänglich beschriebenen Gesichtsformen noch einmal ins Gedächtnis. Speziell bei runden Gesichtern kann man mit Contouring die Wangenknochen hervorheben und es dadurch markanter erscheinen lassen. Genauso bei einem herzförmigen Gesicht lässt sich mittels Contouring die breite Stirnpartie verschmälern. Auch breite Nasenflügel können so korrigiert werden. Ganz getreu dem Motto, alles was dunkel ist tritt zurück und alles was hell ist tritt hervor, wird mit Contouring das „Unerwünschte" in den Hintergrund gedrängt, während man mit Highlighter gegensätzliche Akzente setzt.

Contouring kann auch übertrieben werden und das Ergebnis sieht dann sehr überschminkt aus. Hier gilt es Vorsicht walten zu lassen. Weniger ist mehr.

Beispiel Contouring im Gesicht

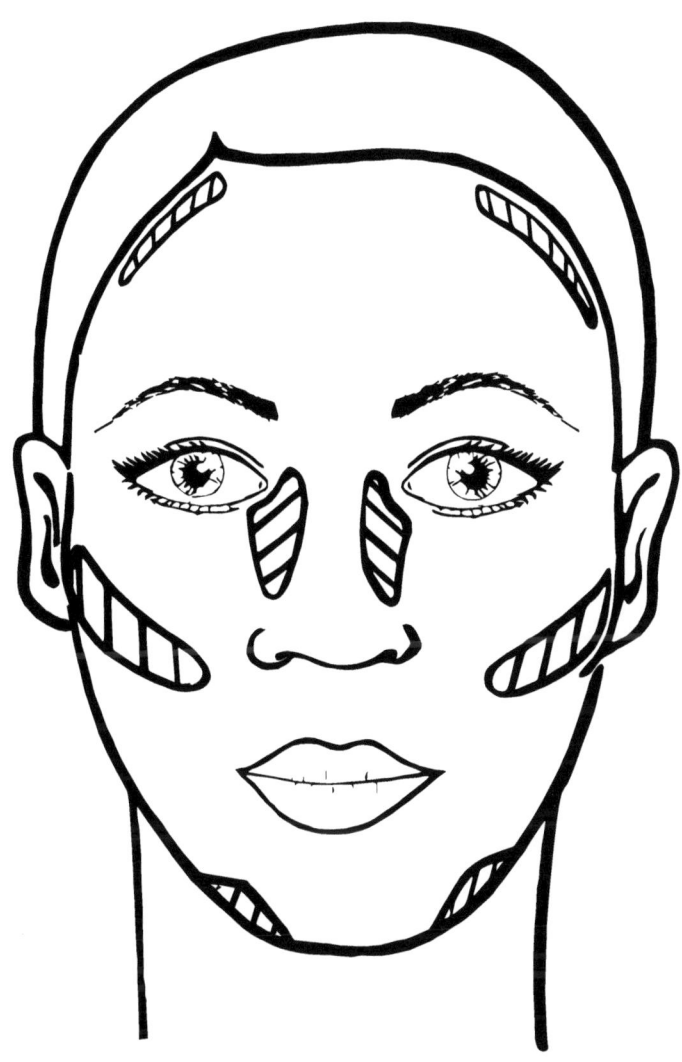

Rote Lippen soll man…

Auch hier hat der Mensch sich eine Idealform zurechtgelegt. Von Idealform spricht man, wenn die Lippenform gleichmässig, sprich symmetrisch ist. Die Ober- und die Unterlippe ist hierbei ungefähr gleich dick.

Die Lippengrösse hängt zum einen vom Volumen ab, zum anderen von der Grösse des Mundes an sich (Mundöffnung). Diese kann man nicht korrigieren, jedoch das Volumen mittels kleinen Tricks beeinflussen.

Von Vorteil ist es, die Lippen vor dem Auftragen des Lippenstiftes mit einer guten Pflege zu behandeln, damit diese nachher weniger austrocknen.

Tipps und Tricks der Lippenkorrektur

Schmale Lippen vergrössern
Auf der natürlichen, weissen Linie (Lippenkontur) die Lippen nachziehen. Helle Farben und Gloss lassen schmale Lippen optisch fülliger erscheinen.

Volle Lippen verkleinern
Auf dem inneren Lippenrand (rosa Linie) einen dunklen Konturenstift verwenden. Nach innen verwischen. Matte und dunkle Farbtöne wählen. Diese lassen die Lippen kleiner wirken. Auf Gloss sollte ganz verzichtet werden.

Anpassung bei ungleichgrossen Lippen

Bei der kleineren Lippe den äusseren Lippenrand nachziehen (weisse Linie), bei der grösseren den inneren Rand. Die grössere Lippe eine Nuance dunkler schminken. Die kleinere mit Gloss betupfen.

Flache Lippen

Hier eignet sich die „Ombre-Technik" hervorragend. Dabei wird der äussere Lippenrand dunkel nachgezeichnet und nach innen verwischt. Die Lippen selber erhalten einen helleren Farbton (Ombre = Farbverlauf). Ein Tupf heller Lidschatten auf die Mitte oder ein Klecks Gloss lassen die Lippen ebenfalls fülliger erscheinen.

Rote Lippen

Stehen nach wie vor noch immer für sinnlich und sexy. Damit dieses Bild auch so rüberkommt muss hier ganz exakt mit einem Konturenstift gearbeitet werden. Den Amorbogen (Bogen in der Mitte der Oberlippe) gilt es gut zu betonen.

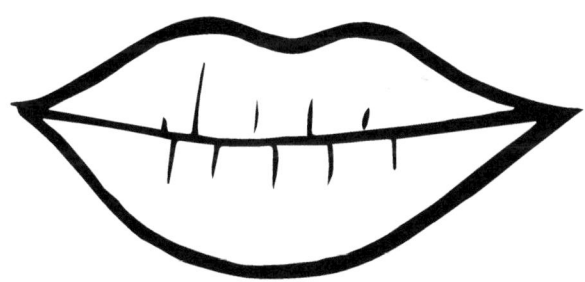

Fixiertechnik

Damit der Lippenstift auch den ganzen Tag über gut aussieht, gilt es diesen gut zu fixieren. Nachdem der Konturenstift nach innen verwischt wurde und der Lippenstift aufgetragen ist, ein Kleenex zur Hand nehmen und dieses teilen (verschiedene Lagen auseinander nehmen, damit es dünner wird). Das Kleenex auf die Lippen pressen, anschliessend mit losem Puder die Lippen gut durch das Kleenex hindurch abpudern. Feinste Puderpartikel gelangen so durch das Kleenex und fixieren den Lippenstift ohne dabei die Lippen zu beschweren. Dieser Vorgang (Lippenstift nochmals auftragen, pudern) sollte mindestens zweimal wiederholt werden, um eine optimale Haftung zu erzielen.

Persönliche Notizen

Tipps für ein typgerechtes Make-up

Bei einem typgerechten Make-up gilt die Faustregel: Soviel wie nötig, so wenig wie möglich. Sprich, es ist zu betonen was man an sich mag, resp. schön findet und zu kaschieren was man weniger gerne sieht.

Um diesem Wunsch gerecht zu werden, gilt es Folgendes zu beachten:

- Statur
- Kleidungsstil
- Haare (Farbe, Schnitt)
- Gesichtsform
- Augenbrauen (Farbe und Form)
- Augen (Farbe und Form)
- Lippenform / Volumen
- Anlass (wofür schminke ich mich?)
- Spezielle Merkmale (was finde ich an mir besonders toll und möchte ich hervorheben?)

Zwölf Schritte zum perfekten Make-up

1. Vorbereitung und Pflege der Haut
2. Augenbrauen korrigieren, konturieren
3. Augenbase auftragen
4. Lidschatten auftragen
5. Eyeliner / Wimpernkranzbetonung / Kajal
6. Highlighter setzen
7. Wimpern tuschen
8. Foundation auftragen
9. Concealer benutzen
10. Pudern / Rouge setzen
11. Contouring
12. Lippenkontur und Lippenstift anwenden

Persönliche Notizen

Mein perfekter Look

Meine Lidschattentechnik / Meine Augenbrauen

Persönliche Notizen

_____
_____
_____
_____
_____
_____
_____
_____
_____
_____

Meine Highlights

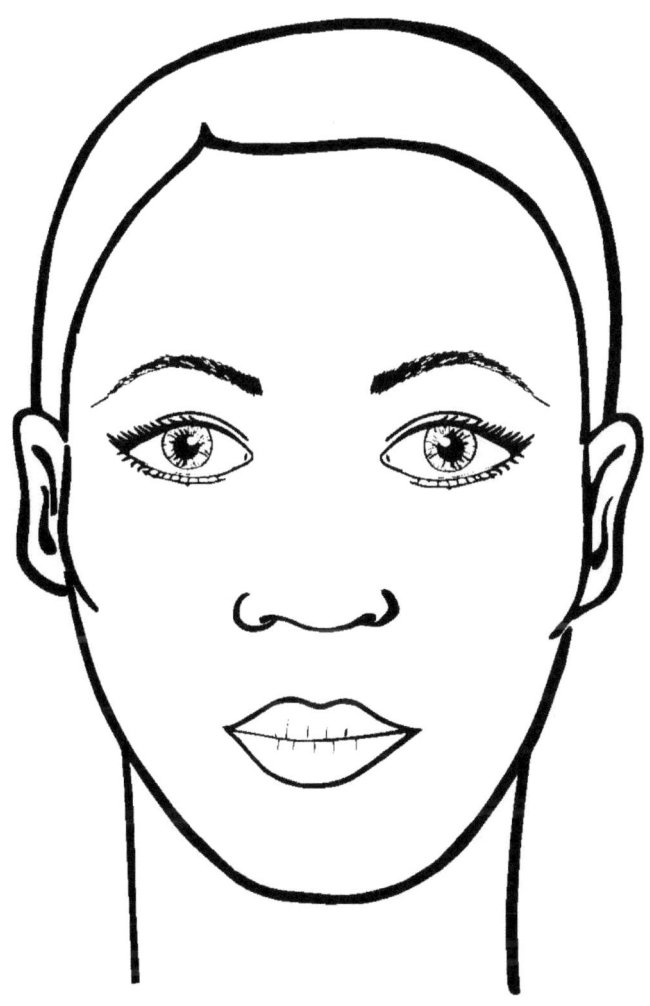

Mein perfektes Rouge

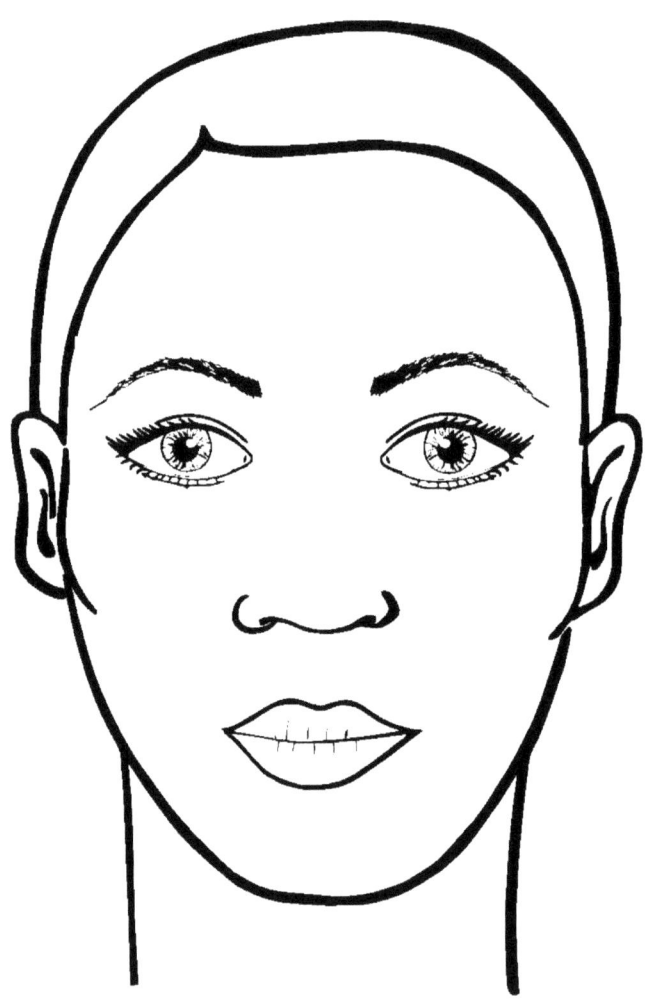

Mein Contouring

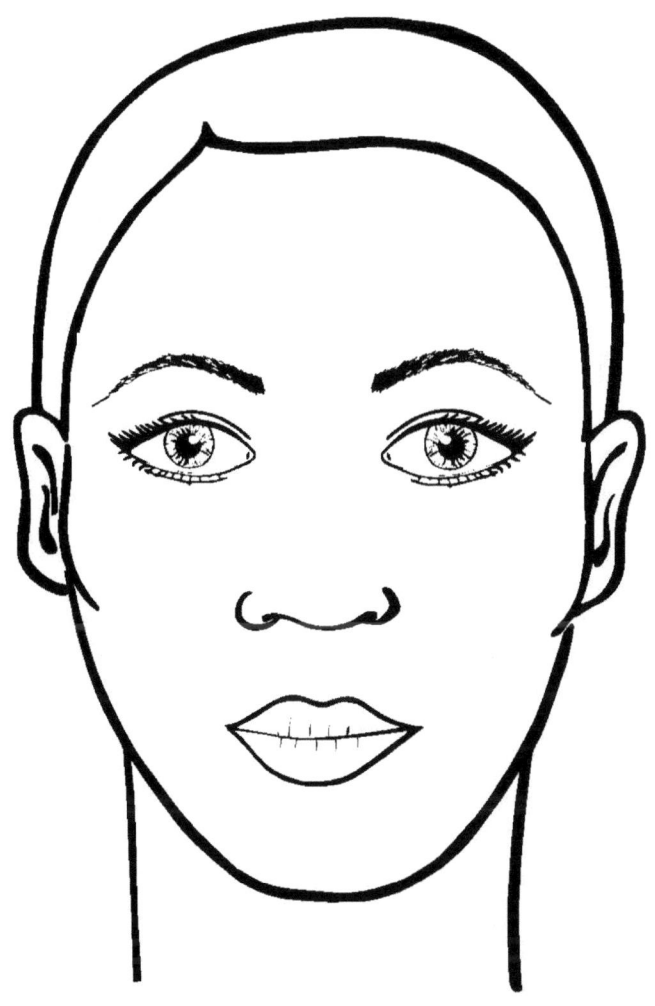

Meine Lippenkorrektur

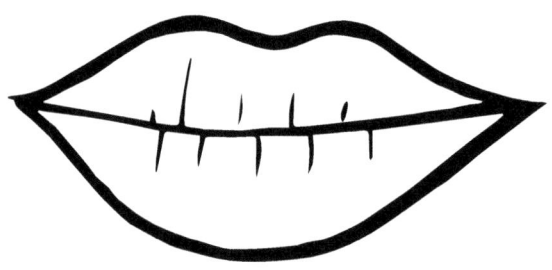

Persönliche Notizen

_____
_____
_____
_____
_____
_____
_____
_____
_____
_____
_____
_____
_____
_____
_____
_____